LA MORT DE STALINE

스탈린의 죽음

파비앵 뉘리 · 티에리 로뱅 지음
김지성 · 김미정 옮김

생각비행

이 이야기는 사실에서 영감을 받았지만,
때로는 편파적이고 모순적이기까지 한 단편적인 자료를 기초로
자유롭게 구성한 허구라는 점에는 변함이 없다.

그러나 저자들은 무리해서 상상력을 발휘할 필요가
거의 없었다고 한다. 스탈린과 측근들의 격앙된 광기에 필적할 만한 모습을
만들어내기란 불가능했기 때문이다.

1953년 2월 28일

모스크바 라디오 방송국

실황중계:
볼프강 아마데우스 모차르트
피아노 협주곡 23번

피아노 독주:
마리아 유디나

따르릉

모스크바 라디오,
안드레이예프 국장입니다.

서기장실이오.
정확히 17분 후에 56-719로 전화하시오.
서기장님께서 직접 내리신 지시오.

17분 후

5… 6…
7… 1… 9…

모스크바 라디오 국장,
유리 안드레이예프입니다.
여기로 전화하라는…

나 스탈린이오.

오늘 저녁 연주
좋았소. 녹음한 걸
받았으면 하오.

내일 사람을
보내지.

5

피아노 협주곡!

녹음했지?

아뇨.
매번 그랬듯이
생방송이었죠.

아…
우리 모두 죽은
목숨이야.

연주자들 붙잡아둬!
경비원들에게
아무도 못 나가게
하라고 해!

지금
바로 녹음해.

다른 걸
눈치챌 걸.

그게 중요한 게
아냐. 스탈린을 속이는
거잖아. 사실대로
말해야 해.

다시
연주하라고 하고

내…가
보고해야겠지?

그럼,
누가 해?

이…거, 정말 영광이군.

말도 안 돼요.

뭐라고? 당신 미쳤어?

우리 모두 죽는 꼴 보려고 그래?

조용! 모두들 진정하고, 자리로 가서 연주할 준비를 하시오.

물론이죠! 연주하고 말고요.

유디나 양도 곧 합류할 거요.

당신, 이게 얼마나 **영광스러운** 일인지 알기나 해?

난, 스탈린을 위해 연주하지 않아요.

어디서 그런 소릴! 스탈린은 지구상에서 가장 **위대한** 분이라고!

스탈린을 위해…

스탈린을 위해 연주한다…

모… 못하겠어…

너무 떨려서… 지휘를 못하겠어.

꽝!
꽝!

들었어?

누가 왔나 봐.

문 열지 마요,
보리스.
무서워요…

잘못 찾아왔을
리가 없잖아. 모르는 게
없는 사람들인데.

꽝!

가요.
간다고요!

보리스
브레스나비치요?

그럴소만.

지휘자 보리스
브레스나비치, 맞소?

그런데,
왜 그러오?

이거 놔요!

이거,
놓으라고!

11

여기 현관인데요, 레코드를 가지러 오셨다고 하는데…?

왔어.

너 정말 미쳤구나. 스탈린이 그걸 읽기라도 하는 날엔…

읽으라고 쓴 거야.

잠깐!

제가 쓴 편지를 넣게 해 주세요.

안 될 소리!

제가 피아노 독주자예요.
친애하는 스탈린 서기장께
감사의 편지를 썼어요.

아니, 왜 그런
쓸데없는 짓을...

이리
주시오.

대체 무슨 짓을
한 거야, 마리아?
너 때문에 이제 우린
다 죽었어!

이 쪽지 어쩌지?

원래대로 넣어 둬.

레코드가 도착했습니다.
그런데, 연주자 중 한 명이 쓴 편지가
들어 있었어요. 무례한 반혁명분자 같은데…
체포할까요?

아냐.
내가 한번 보지.

스탈린 동지께···

나는 밤낮으로 하나님께
기도합니다. 당신이 이 나라와
인민에게 저지른 죄를
사하여 달라고···

하나님은 자비로우시니
용서해 주시겠죠.
내가 받은 돈은 당신의
죄를 사해 달라고
기도하는 우리 교구에
기부하겠어요.

거기!

저…저요?

술에 취해 쓰러지셨어. 좀 도와줘.

고맙소. 이제 나가봐.

그래도 되겠어요?

스탈린 동지가 당신이 이런 꼴을 본 걸 알았으면 좋겠어?

동지? 스탈린 동지!

술에 취한 게 아니네…

심장마비야! 어서 가서 경호대장을 불러와! 어서!

라브렌티 파블로비치
베리야(54세)
소련 공산당 중앙위원이자
비밀경찰 수장

경호대장입니다. 스탈린 동지가
방금 심장마비로 쓰러졌습니다.

자...잘 모르겠습니다.
의식이 없어요. 의사를
부를까요?

아냐!
아무도 부르지 마.
내가 바로 가지.

심각한
상태인가?

크루스탈리오프에게
차 대기시키라고 해.
지금 당장!

네.

저… 저 애는
어떻게 할까요?

집에
데려다 줘.

애 아빠는
체포하고.

어디로
갈까요?

스탈린 별장!
찬란한 미래를 향해
힘차게 달려!

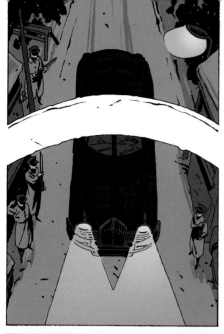

제가
심장약을
먹였어요.

아주
잘했어.

의사는…
언제 오죠?

내가
알아서
하지.

내 허락 없이
아무도 이곳을
출입하지 못하게 해.
전화도 안 돼.

크루스탈리오프!
크루스탈리오프!

이거 다
차에 실어!

여보세요?

스탈린이 쓰러졌어. 별장으로 빨리 와.

니키타 흐루쇼프(59세)
소련 공산당 중앙위원

이나스타스 미쿠얀(58세)
소련 공산당 중앙위원

라자르 카가노비치(59세)
소련 공산당 중앙위원

니콜라이 불가닌(57세)
소련 공산당 중앙위원이자
국방장관

침실로 옮기는 게 좋겠어. 침대가 더 편할 거야.

의식이 없는데 차이를 알겠어?

도와줘.

옷을 갈아입혀야겠어. 오줌을 지렸잖아.

말이 그게 뭔가? 예의를 좀 갖춰.

그럼, 서기장 방광이 제 구실을 못했다고 해야겠군.

의사들은 어딨지?

그러게, 의사가 왜 안 보이지?

그게, 문제가 좀 있어. 그걸 논의하기 위해 위원회를 열어야 해.

다 모인 게 아닌데? 몰로토프가 빠졌잖아.

이제 모두 모였으니…

몰로토프는 안 불렀어.

왜? 몰로토프도 우리와 같은 공산당 중앙위원이잖아.

말하게, 베리야.

스탈린이 쓰러지기 전 나에게 명령을 내렸네. 차후 위원회가 소집되면 몰로토프를 체포하라고.

서기장인 내가…

자네가 왜 서기장이야? 스탈린이 엄연히 살아있는데.

그럼, 몰로토프 일은 나중으로 미루고, 우선 회의를 시작하지.

부서기장인 내가 안건을 상정하지. 서기장 치료를 위해 의사로 누굴 부를지 논의해야겠어.

모두 저명한 전문의들인데,
한 동료 여의사가 고발했지.

유대인 민족주의 운동에 연루돼
스탈린 암살을 도모했다고 말야.
지금 수사 중이네.

터무니없는 소리!
암살은 무슨. 그 의사들은
단지 유대인이라서
체포된 거라고.

스탈린이 지난달
크렘린 병원의
일류 의사 전부를 체포해
추방하거나 처형하라고 했네.

스탈린은
죽어가고 있어.
의사도 살릴 수 없지.
의심스러운 의사를 부르는 날엔
부른 사람도 의심받게 돼.

그러면
곧 혐의를
받게 될 거고…

그 다음엔
어떻게 되는지
다들 알잖아.

그럼,
어떻게 하는 게
좋겠나, 베리야?

의심스러운 점이
전혀 없는 의사들을 뽑아
명단을 만들고,
우리 모두 서명하는 거야.
그러고 나서
그들을 부르는 거지.

티마슈크입니다.

리디아! 나야, 베리야.

오, 친애하는 라브렌티 파블로비치 동지. 이거 오랜만인걸요.

닥치고 듣기나 해.

병원에 아직 남아있는 의사 중 가장 실력있는 자들로 명단을 뽑아줘. 한 시간 주지. 명단에 꼭 서명하고.

나보고 의사를 추천하라고요? 수사가 한창 진행 중인 이 병원에서? 불가능하다는 거 당신도 알잖아요.

내가 뭘 아는지 말할까?

네 승진이 거부당하자 소련에서 가장 뛰어난 의사들을 고발했다는 사실을 알고 있지. 스탈린 암살 계획 같은 건 전혀 없다는 것도…

유대인 따윈 신경도 안 쓰지만, 지금은 의사가 필요해. 네가 그 의사들을 대 줘야겠어.

스탈린
때문인가요?

앙큼한 것!

그럴죠?
심각한 상태인가요?

야망을 위해서라면
물불 안 가리는 계집 같으니.
내가 잘 알지. 1938년 1월 17일.
그날부터 내 밑에 있었으니까.

내가 널 맘껏
가지고 놀았던
그날부터…

한 시간
안으로
작성하죠.

고맙군.

의사 명단은
됐어.

누가
루콤스키지?

자네 의사 맞아?
맥을 짚으려면 손을 제대로
잡아야 할 거 아냐?

다음!

스탈린 동지는
뇌출혈로 뇌의 중요 부위가
손상된 상태입니다.
몸 오른쪽이 마비됐고,
심장에 무리가 와 호흡이
어려운 상태죠.

그래서
앞으로 어떻게
될 것 같아?

어서 대답해! 회복될
기미가 있는 거야?

그게… 예상하기
어렵습니다. 쓰러진 뒤
너무 오래 방치돼서…

그러니까, 다시 살아날
가능성이 있어, 없어?
그것만 말해.

없어요.

크루스탈리오프!
차 대기시켜!

루반카*로!

* 루반카: 소련 비밀경찰 본부가 있는 모스크바 중심부 _ 옮긴이 주

35

모든 특수부대를 모스크바와
레닌그라드, 스탈린그라드에 배치한다.
그 밖에 소요가 있을 만한
주요 도시에도 배치해.

무리지어 모이거나 시위가
일 것 같으면 즉시 해산시켜.
최고 경계태세를 취한다.

공식 성명서다.
모스크바 주재 해외
특파원들에게 모두 배포해.
그리고 마지막에
프라우다*로 보내. 반드시
맨 마지막에 보내야 해.

1953년 3월 2일 한밤중,
모스크바 관저에서

스탈린 동지가
뇌출혈로 쓰러졌다.

심각한 뇌 손상으로

* 프라우다: 소련 공산당 기관지 _옮긴이 주

36

오른쪽 팔과 다리가
마비됐고

심장과 폐 기능이
약화된 상태다.

말도 할 수 없을 정도인

우리의 지도자 스탈린 동지를 소련의
유능한 전문의들이 치료하고 있고

야, 너 지금 무슨
짓을 하는 거야?

소련 공산당 중앙위원회가
경과를 주의깊게 지켜보고 있다.

그리고
그 기계는
뭐야?

시...심전도를
검사하는 기계입니다.

시...심장이 뛰고 있는지
알려주는 기계죠.

그래?
계속해.

스베틀라나 알릴루예바
주가슈빌리 양인가요?

맞아요.

함께
가시죠.

당신을 쿤체보에
있는 아버지
관저로 데려오라는
말렌코프 동지의
명령입니다.

이봐!

아… 이런…
죄송합니다.

바실리
주가슈빌리
장군을 뵈러 왔네.
아버지인 스탈린
동지께 모셔가야 해.

주가슈빌리 장군은 어디 있나?

어… 여기 안 계신 것 같습니다.

무슨 말이야? 가택연금 상태잖아. 자네 소관 아니야?

영화배우 친구들과 이곳에서 간단히 파티를 열었는데… 다른 곳에 가서 또 파티를 하고 있는 것 같습니다.

여기 파티에 참석한 자들 명단 가져와. 당장!

아버지는 어때요?

돌아가신 건 아니죠?

뇌졸중으로 쓰러지셨어. 살리기 위해 모든 수단과 방법을 동원하고 있단다.

제… 제가 약을 먹였는데…

잘 하셨어요. 언제나 잘 돌봐 주셨잖아요.

아버지는 돌아가시지 않을 거예요. 이렇게 우릴 두고 가시진 않겠죠.

따르릉

베리야?
나, 흐루쇼프네.

드디어
죽었나?

의식을
되찾았어.

기적이다!

기적이야!

사랑하는 스탈린 동지가 우리에게 돌아왔어!

뭔가를 말씀하시려고 해…

"나는 무력한 어린 양, 내 자식과도 같은 너희들이 나를 **구했다**"라고 말하고 있어.

루콤스키 동지, 당신은 스탈린을 구한 영웅이오. 소련 전체가 당신에게 고마움을 표할 거요.

이… 기적이 얼마나 갈 것 같아? 정말로 스탈린이 다시 살아나는 거야?

아…직 잘 모르겠어요. 때론 더 악화되기 전에 회복되는 것처럼 보이기도 하죠. 잠깐 동안이지만.

알겠네.

할 말이 있네, 베리야.

그건 위원회에서 결정할 일이야.

물론이지. 자네들처럼 징징대고 있을 수만은 없는 일 아닌가. 누군가는 위기에 대처해야지.

우리에게 미리 알려줬으면 좋잖아.

자네가 스탈린에 대해 언론에 알렸나?

자네들 스탈린의 상태에 대해 누구에게 발설했나? 아내? 애인? 비서?

내가 크렘린에 도착했을 때는 이미 소문이 무성했어. 화를 미연에 방지하기 위해서는 사실을 있는 그대로 공개한다는 인상을 줘야 했다고.

몰로토프가 왔군.

누가 연락한 거지?

스탈린의 자식들도 말야, 그들에게 누가 연락했지?

잘했어, 말렌코프. 난 자네가 나에게 먼저 알리지 않았다고 나무라지 않을 걸세.

내가 그랬어.

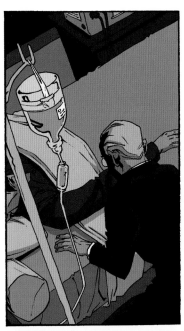

바체슬라프 몰로토프(63세)
소련 공산당 중앙위원이자
외무장관

저 꼴을 좀 봐. 충직한 늙은 개가 주인 앞에서 우는 것 같군.

스탈린이 베리야에게 자기 아내를 죽이라고 했고, 자기도 죽을 목숨이었는데 말야.

베리야가 몰로토프를 부른 게 분명해. 뭔가 일을 꾸미고 있어.

우리도 움직여야 해. 베리야부터 처리해야겠어.

어리석은 소리. 성급하게 시작했다가 실패하면 모든 걸 잃게 돼. 지금은 순순히 말을 듣는 것처럼 보여야 해.

베리야는 스탈린과 달라. 스탈린은 러시아를 사랑했지만, 베리야는 자기밖에 모른다고. 그대로 두면 우리가 반격할 무기를 스스로 내 놓을 거야. 그때 치면 돼.

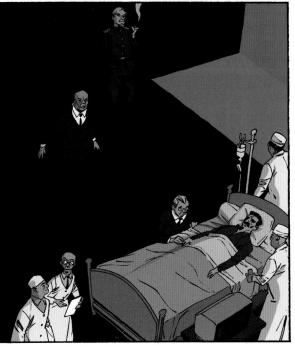

요청하신
인공호흡기가 왔어요.

드디어 왔군!
침실에 설치해.

잠깐!
이거 말고 다른
호흡기는 안 왔나?

네. 이게
최신식이라고
했어요.

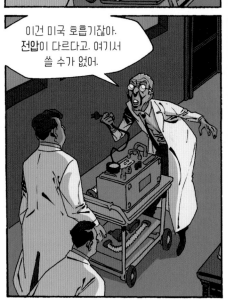

이건 미국 호흡기잖아.
전압이 다르다고. 여기서
쓸 수가 없어.

가서 다른 걸로
달라고 할까요?

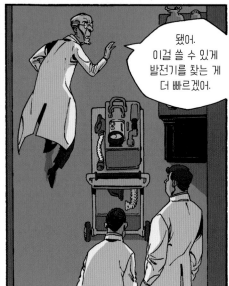

됐어.
이걸 쓸 수 있게
발전기를 찾는 게
더 빠르겠어.

내가 중대장이잖아. 가장 낮게 나르는 게 나야. 최고 조종사니 당연한 거 아냐?

바실리, 네가 탄 게 어떤 거야?

우리가 비행기를 훔칠 때 기지에 있던 사람들 표정 봤어?

바실리가 그랬지. "바실리 주가슈빌리 장군이다. 붉은 군대 퍼레이드에 쓸 전투기들을 징발한다. 내 아버지, 스탈린 서기장께 문안드리고 오겠다."

우리 모두 엄청 취했었지. 빅토르는 말할 것도 없고.

아, 지루해… 자기, 내가 출연한 영화 본다고 했잖아.

그 쓰레기 같은 영화는 봐서 뭐 해?

자, 이제 가장 멋진 장면이 나온다!

잘 가, 빅토르. 그동안 즐거웠어.

빅토르 자식, 나하고 거의 부딪칠 뻔했지.

"최전방에서 또 한 명이 전사하다!"

어머나, 너무 끔찍해! 저 많은 사람을 덮치다니.

사람들? 무슨 사람들?

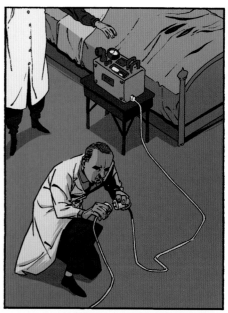

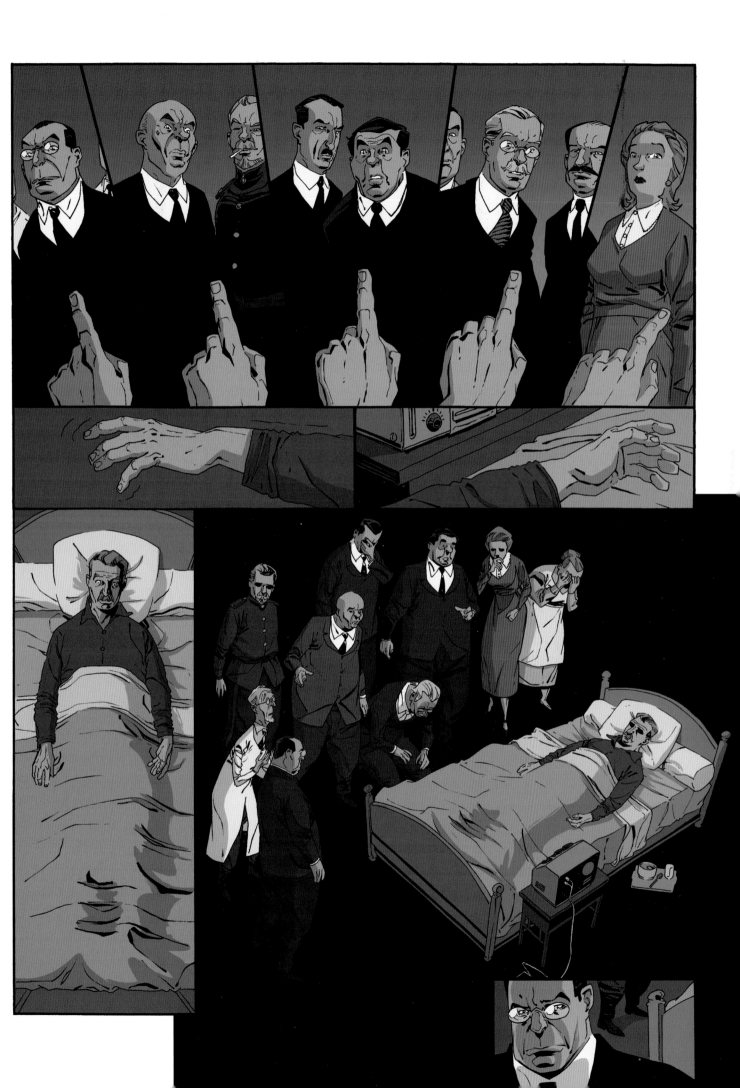

아버지는
어디 계시지?

뭐야?
차고에?

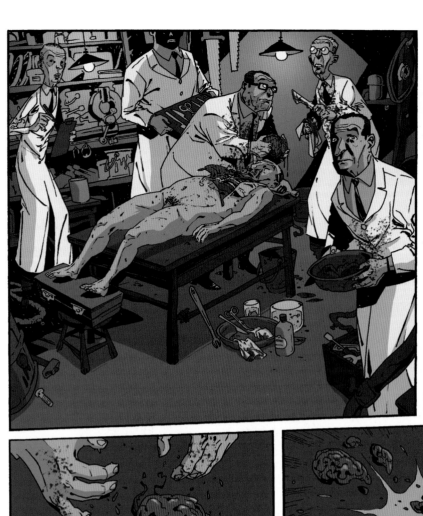

아... 아버지?

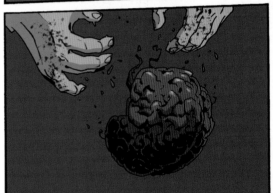

이 살인자들!

너희가
아버지를 죽였어!

너희가
소련의 국부를
죽였어!

크렘린으로 옮겨야지!
장례를 위해 방부처리를
해야 할 거 아냐.

뭐?
바실리가?

집에 데려가서 밖에
못 나가게 해.

거기 있는 의사 중
아무나 한 명 데려가서
진정제를 놓아 주라고 해.

시신? 당연히
크렘린으로 옮겨가야지!
장례를 위해 방부처리를
해야 할 거 아냐.

그곳을 수습할
사람들을 좀
보내지. 다 알아서
처리할 거야.

첫째, 당신들은 모두 비밀유지 의무가 있다. 우리의 위대한 지도자 스탈린 동지가 어떻게 살았는지, 또 어떻게 죽었는지 터럭만큼이라도 **발설**하는 날엔 **중형**에 처해질 것이다.

둘째, 모두 짐을 싼다. 5분 안에 꼭 필요한 것만 챙겨라.

우리를 어디로 데려갈지 록시 알아?

강제수용소 아니면 죽여 버리겠지.

거기!

너희, 둘!

사격 준비!

발사!

모든 공산당원들이여

소련의
모든 노동자들이여

레닌의 전우이자
공산주의 투쟁의 맥을 이어온 …

… 소련 인민과 공산당의
지혜로운 지도자

… 이오시프 비사리오노비치
스탈린 동지의 심장이 멈추었다.

스탈린 동지는
위대한 공산주의 이상을 위해
일생을 헌신했고 …

그의 서거는 공산당과
소련 인민, 그리고 전 세계
노동자에게 크나큰 상실이
아닐 수 없다.

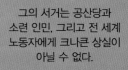

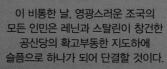

이 비통한 날, 영광스러운 조국의
모든 인민은 레닌과 스탈린이 창건한
공산당의 확고부동한 지도하에
슬픔으로 하나가 되어 단결할 것이다.

비록 육신은 죽었지만
스탈린, 그 불멸의 이름은
소련 인민과 전 세계 혁명주의자들의
가슴 속에 영원할 것이다.

DE ARAGÓN
...LIN HA MUERTO !

The New York Times.
LATE CITY EDITION
STALIN DIES AFTER 29-YEAR RULE;
U.S. WATCHFUL, EISENHOWER SAYS

l'Unità
Onore al grande STALIN!
Viva la causa insolut... tolo del comunismo!
GLORIA ETERNA ALL'UOMO CHE PIU' DI TUTTI HA FATTO
PER LA LIBERAZIONE E PER IL PROGRESSO DELL'UMANITA'
STALIN È MORTO
La luttuosa notizia

l'Humanité
toute dernière
EDITION SPECIALE
DEUIL POUR TOUS LES PEUPLES
qui expriment dans le recueillement leur immense amour pour
LE GRAND STALINE
Le Comité Central du Parti
Communiste Française
au Comité Central du Parti
Communiste de l'Union Soviétique

New York Herald Tribune
Stalin Is Dead
Comes at Night 4 Days After Str...

...N IST TOT

Scanteia
Tovarasul
Iosif Vissarionovici Stalin
a incetat din viata

ПРАВДА

CORRIE...
IL MARESCIALLO ST...
Mosca, annuncia che il t...

OT ЦЕНТРАЛЬНОГО КОМИТЕТА
КОММУНИСТИЧЕСКОЙ ПАРТИИ СОВЕТСКОГО...
СОВЕТА МИНИСТРОВ СОЮЗА ССР

SZABAD NÉP
A mayyar néphez!

APRÈS STALINE... par Boris SOUVARINE
LE FIGARO
ÉLASLIP
STALINE EST MORT HIER SOIR A 19 H. 50
La nouvelle n'a été diffusée qu'à 2 h 7 ce matin.

막강한 사회주의 조국이여,
영원하라!

용감한 소련 인민이여,
영원하라!

위대한 소련 공산당이여,
영원하라!

소련의 전 인민은 우리의 존경하는 스탈린 동지에게 마지막 경의를 표할 것이다.
지역위원회에서 뽑은, 각 지방의 노동자와 농민을 대변할
인민대표단이 모스크바로 향할 것이다.

1953년 3월 9일 담화문 중 발췌

앞서 통보한 인민대표단의 장례식 참가를 철회한다.
중앙위원회가 발행한 특별통행증을 소지한 이들만 모스크바에 들어올 수 있다.

1953년 3월 10일 담화문 중 발췌

루뱐카 감옥
1953년 3월 6일

스탈린을 위하여.

스탈린을 위하여.

그가 죽다니… 믿기지 않아.

누구도 그가 죽을 수 있는 인간이라고 생각하지 않았지. 전능하고 신비스러운 신과 같은 존재였어.

그가 죽으면 어떤 일이 벌어질지 누가 감히 상상이나 했겠어? 그의 부재로 우리 모두 길을 잃고 헤매고 있어.

스탈린은 우리 모두의 분신과도 같았지.

그를 향한 자네의 충성심이 난 참 존경스럽네. 스탈린 때문에 그렇게 많은 것을 희생하고도 말이야.

스탈린이 아내를 뺏어 갔을 때, 난 넋이 나갔지. 당은 생각지도 않고 부르주아적인 감상에 빠져 있었어. 하지만 그런 날 스탈린이 구해줬어.

스탈린이 자네 아내를 처형하라고 할 수밖에 없었던 게 비극이지. 무자비해 보이지만 그게 다 자신의 원칙을 굳건히 지키기 위해서였어.

물론 스탈린도 실수를 했지. 하지만 실수를 인정할 줄 아는 대인이었어.

우리도 그래야 해. 스탈린이 하던 일을 계속 이어가는 게 우리가 할 일이야.

맞아. 스탈린은 결코 흔들리지 않았어.

이런 대화를 나눌 수 있어서 정말 다행이야. 우리 여전히 같은 이상을 공유하고 있군. 자네를 믿을 수 있겠어.

내일 중앙위원회에서 보지.

잊지 마! 내가 베푼 은혜는…

내가 도로 가져갈 수노 있다는 사실을…

어서 가봐, 네 남편한테로.

여보?

여…보!

저예요.

아냐,
아…냐

당신은
죽었잖아.

저
살아있어요,
여보.

여기
이렇게.

아냐…
그럴 리 없어!

몰리나!!

회의를
시작하겠소.

먼저, 자리해 준
주코프 원수에게
감사드리오.

첫 번째 의제는,
우리의 친애하는 스탈린 동지
서거 이후, 각 부서의 장관직을
재정비하는 것이오.

주코프 원수는
오늘 이 특별회의에
군을 대표해 참석했소.

지난번 회의에서
밝힌 스탈린 동지의 바람대로,
여기 계신 우리 게오르기
막시밀리아노비치 말렌코프
동지를 각료평의회*
주석으로 제안합니다.

고맙소. 나는
라브렌티 파블로비치
베리야 동지를
제1부주석으로
제안하오.

이에 관해
더 제안할 것이
없으면

표결에 들어가겠소.
찬성하는 위원은 모두
손을 드시오.

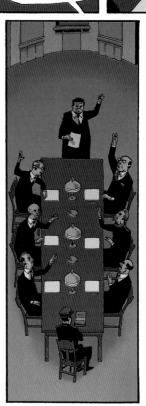

만장일치로
통과되었소.

* 각료평의회: 소련의 법률상 최고 행정부. 하지만 공산당 중앙위원회가 사실상 각료평의회보다 권력이 더 강했음. _옮긴이 주

아주 훌륭한 생각이오, 동지. 하지만 아쉽게도 그건 지난 회의에서 스탈린 동지가 내렸던 결정에 반하오.

그렇긴 하지만, 그래도…

말렌코프 동지가 각료회의 의장이 되었으니, 당 서기장 자리에서 물러나고 그 자리를 니키타 흐루쇼프가 맡을 것을 제안하오.

흐루쇼프 동지가 당수가 되면 개각을 단행할 수도 있소.

난 결코 그런 말을 한 적이 없어.

물론 드러내 놓고 말하진 않았지. 하지만 자네 의향이 너무도 강렬해 누구나 알아 챌 수 있다고.

자, 자, 표결합시다.

미코얀 동지의 제안에 찬성하면 손을 드시오.

몰로토프, 자네…

흐루쇼프 동지, 투표할 때는 조용히 하시오.

이제, 반대하는 위원은 손을 드시오.

반대표가 더 많아

부결되었소.

주코프 원수의 생각을 들어보는 게 어떨소?

주코프 원수는 중앙위원이 아니오. 표결할 수 없소.

다음 안건으로 넘어갑시다.

라브렌티 파블로비치 베리야 동지가 내무부를 맡고,

국가보안부도 내무부에 통합할 것을 제안하오.

발의에 동의하는 위원은 손을 드시오.

만장일치로 가결되었소.

니콜라이 불가닌 동지가 맡고 있는 국방장관 자리에 주코프 원수를 추천하오.

뭐라고? 왜?

불가닌, 자네, 내 말이 언짢은가?

아닐세. 아주 좋은 생각이네.

인민은 지금 사랑하는 지도자를 잃은 상실감에 빠져 있소. 그들에겐 **영웅**이 필요하오. 스탈린그라드와 베를린 등지에서 승리로 이끈 주코프 원수의 인기가 하늘을 찌를 듯하지 않소.

전쟁을 승리로 이끈 건 스탈린이오.

우리는 스탈린의 업적을 계승하기 위해 이 자리에 모인 것이오. 쓸데없는 영웅화 작업으로 방해하지 마시오.

난 그냥…

부끄러운 줄 아시오. 이런 중대한 시기에 장관직을 내놓겠다니! 일말의 책임감도 없소?

주코프 원수, 이 제안에 대해 의견이 있으시오?

난 각료평의회에 들어가고 싶은 마음이 전혀 없소.

그럼, 투표하며 시간을 낭비할 필요가 없겠군.

주코프 원수, 군을 위해 우리가 해 줄 일이라도 있소?

바실리 주가슈빌리 장군을 처벌하게 해 주시오.

스... 스탈린의 아들을 말이오?

이게 다 바실리 장군의 무분별한 행동과 범죄를 고발하는 서류들이오.

범죄라고? 사실이오?

바실리 장군에 의해 강등 및 체포, 심지어 사망한 장교들 명단도 있소. 모두 훌륭한 군인들이오. 죽은 이들은 바실리의 터무니없는 명령을 수행하다 그렇게 됐소.

그래도 바실리는…

베리야 동지는 그냥 덮고 싶을 것이오. 장교들을 체포하는 데 자신의 수하가 동원됐고, 또 바실리의 대부니까.

하지만 이들이 부당한 혐의를 받고 있지 않다고 생각하는 사람이 있으면 어디 한 번 손들어 보시오.

아직 살아있는 장교들은 모두 석방하고, 죽은 이들은 누명을 벗겨주시오. 그리고 바실리 장군이 법의 심판을 받을 것을 요구하는 바이오.

안 그래도 이미 많은 사건을 보고 받아 검토하고 있는 중이오.

하지만 시간을 두고 신중하게 처리해야 하오. 그렇지 않으면 그동안 스탈린 동지가 결정한 일을 모두 뒤집는 인상을 줄 수 있소.

동감이오. 단지 내무부의 행정 착오를 바로잡는 것처럼 하는 게 좋겠소.

자네, 그게 무슨 말인가? 내가 모든 잘못을 뒤집어쓰라는 건가?

왜 이러나, 베리야. 체포는 자네가 전문 아닌가?

좋아, 그럼!

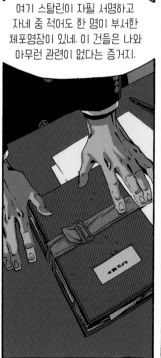

여기 스탈린이 자필 서명하고 자네 중 적어도 한 명이 부서한 체포영장이 있네. 이 건들은 나와 아무런 관련이 없다는 증거지.

자네 이거 어디서 났나?

스탈린 관저에서 훔쳤군!

난 내 행동에 책임질 준비가 돼 있어. 자네들은 어떤가? 책임질 수 있겠나?

흐루쇼프, 자네가 원하는 게 그건가?

몰로토프! 미코얀! 불가닌! 자네들 모두 그러고 싶어?

거기 있는 영장에서 내 서명은 찾아 볼 수 없을 거요.

여긴 전쟁터가 아니오.

모스크바에서는 군법이 통하지 않아.

장례식이 끝나기 전에 스탈린 아들을 법정에 세울 수 없다는 점은 주코프 원수도 충분히 이해하리라 믿소.

동지들, **진정하시오.** 지금은 우리끼리 시끄러울 때가 아니오. 스탈린 동지가 우릴 지켜보고 있을 것이오.

나는 공개 재판을 하자는 게 아니오.

아니, 어떤 재판도 없을 것이오.

우리 모두 합리적으로 생각해서 절충점을 찾아봅시다. 바실리와 … 아니, 바실리 장군과 관련된 안건은 다음 회의에서 논의하도록 하지.

한 가지 빠뜨린 게 있소. 흐루쇼프 동지가 중앙위원으로 정부 일을 하나도 맡지 않고 있소. 스탈린 동지라면 그가 중책을 맡길 원할 것이오.

그럼…

맞는 말이오.

스탈린을 향한 흐루쇼프 동지의 애정은 의심할 여지가 없소. 스탈린도 흐루쇼프 동지를 많이 아꼈고…

그래서 말인데, 우리 흐루쇼프 동지에게 장례식 준비를 맡기는 게 어떻겠소.

이 제안에 찬성하는 위원은 모두 손을 드시오.

만장일치로

가결되었소.

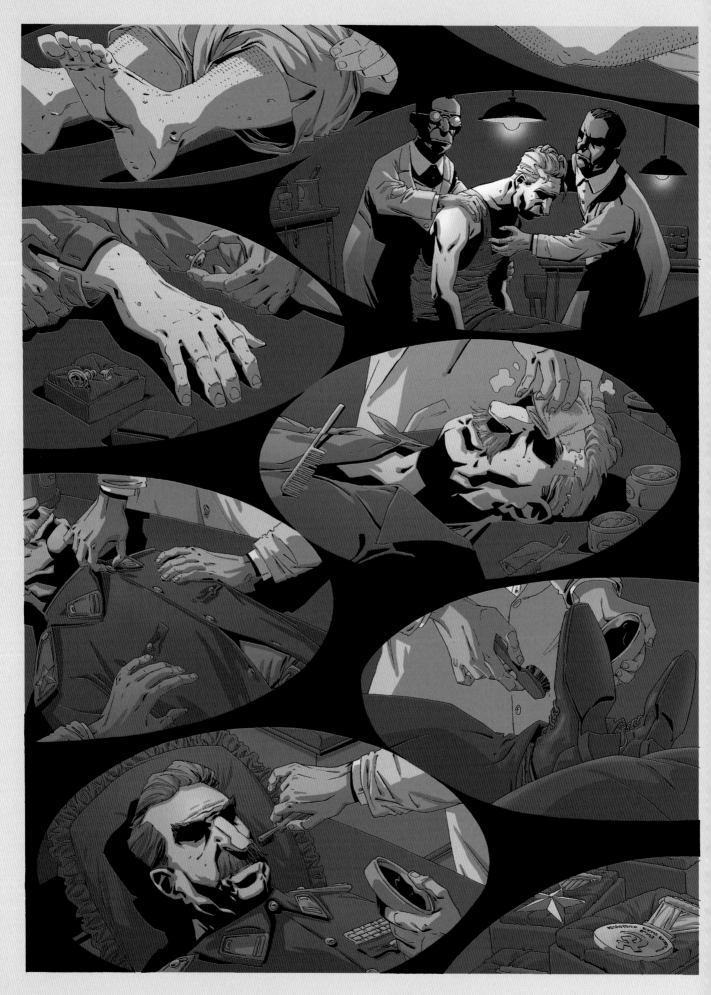

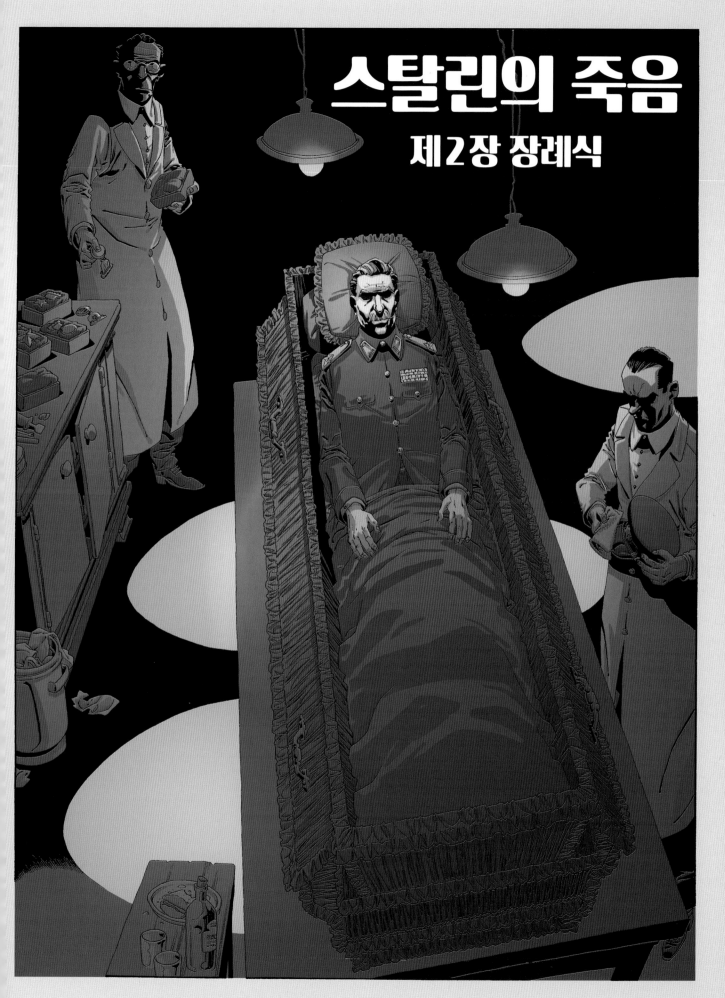

스탈린 동지와 레닌은 위대한
10월 혁명을 이끄는 등불이었다.

스탈린 동지는 레닌과 함께
강대한 공산당을 창건했다.

레닌이 남긴 불멸의 발자취를
따라 스탈린 동지는 2차
세계대전에서 파시즘에 대항해
조국을 승리로 이끌었다.

소련 공산당 수립에
만전을 기할 수 있게
해 주셨고...

스탈린 동지는
당과 전 인민이

스베틀라나죠?

그분의 딸.

유시라고 해요.

바실리 친구죠.

아, 난 군복이 정말 싫어요.

오빠 친구들은 대개 군복을 입고 있던데…

하지만 우리 오빠는 그리 싫지 않은가 봐요. 무슨 일을 하시죠?

영화감독입니다.

영화?

네.

아, 그래서 오빠와 친구가 됐군요. 여배우들을 소개시켜주면서.

추운가 본데

안으로 들어갈까요?

아뇨. 산책을 하고 싶어요.

같이 갈래요?

뭐라고요? 말도 안 돼. 어떻게 그런 생각을…

아가, 너도 거울을 보면 알 거 아니니. 넌 미모가 뛰어나지 않아…

유시 같은 유명한 영화감독이 왜 너와 사귀겠니? 너를 유혹한 건 다 나에게 접근하기 위해서야. 그것 말고는 설명이 안 돼.

네 배필은 내가 찾아 주마.

따르릉

스베틀라나 알릴루예바 주가슈빌리 양인가요?

그런데요.

서기장실입니다. 오늘 오후 5시까지 노조회관으로 오시라고 합니다.

몸이 안 좋아서 못 가겠어요.

중앙위원회의 명령입니다.

아이고, 죄송합니다. 제가 알아 뵈지 못 했습니다.

괜찮아요. 아버지에게 마지막 인사를 하고 있었어요.

아, 네. 그럼 이제 제가 자리로 안내해 드리죠.

좀 더 왼쪽으로… 아, 딱 좋아요!

자, 이제 슬픔과 비애를 상징하는 인물다운 표정을 짓는 거예요.

꽈앙

조심하지 못 해?

어서 다시 설치해. 장례식 리허설이 벌써 늦었다고!

리…허설?

이게, 리허설이라고?

아니, 그게…
제발, 자리에
앉아 주세요.

이 모든 게 **연습**이라고?
지금 나보고
아버지 장례식 예행연습에
참석하라고 한 거야?

뭐 그렇게
화를…

이 사기꾼!

정신 차려,
이 멍청한
꼭두각시들아!

마리아!
제발 부탁이니…

그만 좀
웃어!

웃음이 나오는 걸
어떻게 해요.

84

소련의 전 인민이
우리의 존경하는 스탈린
동지에게 마지막 경의를
표할 것이다.

지역위원회에서 뽑은,
각 지방의 노동자와 농민을
대변할 인민대표단이
모스크바로 향할 것이다.

이름?

나디아
알렉산드로브나
마레츠카입니다. 32년부터
당원이었어요.

얘는 내 아들
세르게이예요. 아빠가
전쟁터에서 죽었죠. 스탈린
동지를 뵙고 싶어해서
데려왔어요.

엄마,
이 사람들이 다
스탈린 동지를
알아?

알다 뿐이니.
우리 모두 스탈린의
자식이란다.

흐루쇼프. 대체 무슨 짓을 한 건가? 자네가 부른 어중이떠중이 백만 명이 모스크바로 몰려오고 있어.

이 혼란을 어떻게 감당하려고 그래?

때로 모인 군중이 위험하다는 것을 아직도 모르겠어? **혁명**이 어떻게 시작되는지 몰라?

앞서 통보한 인민대표단의 장례식 참가를 철회한다.

중앙위원회가 발행한 특별통행증을 소지한 이들만 모스크바에 들어올 수 있다.

모두 내려!

엄마, 무슨 일이야?

나도 모르겠다.

이거 너무하잖아!

스탈린 동지를 보기 위해 수백 킬로를 달려왔는데!

우리 스탈린을 못 보는 거야?

흐루쇼프가 엄청난 일을 저질렀어. 스스로 웃음거리가 된 거지.

스베틀라나 얘기 들었어? 히스테리를 부리며, 장례식에 강압적으로 참석하게 하면 자살하겠다고 벼르고 있어.

바실리가 있잖아.

그 놈을 그렇게 이목이 집중되는 곳에 세우겠다고? 군이 좋아하겠어?

유일하게 살아있는 스탈린의 아들이야. 장례식에 참석하는 게 도리지.

멋지구나, 바실리. 아버지가 봤으면 자랑스러워 하셨을 거야.

정말요?

그럼. 넌 스탈린의 아들이야. 소련 전체가 널 지켜볼 거야.

네가 점잖게 행동할 거라고 믿는다.

그렇게 할 수 있지?

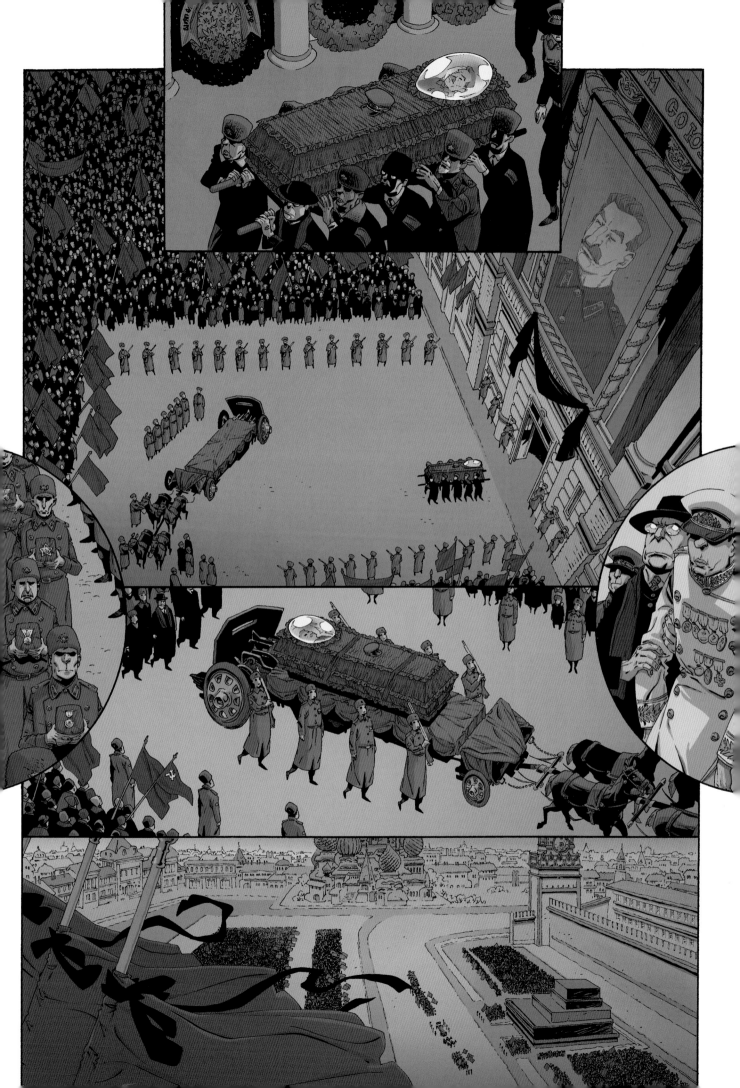

* 고리키 거리: 모스크바 중심거리 _ 옮긴이 주

이런…

너희들, 해산해!

그러지 않으면 발포한다!

경고사격 자세를 취한다. 머리 위로 조준해.

준비…

발사!

*깨어라, 노동자의 군대!
굴레를 벗어 던져라!

정의는 분화구의 불길처럼
힘차게 타온다!

대지의 저주받은 땅에
새 세계를 펼칠 때...

어떠한 낡은 쇠사슬도
우리를 막지 못 해!

들어라, 최후 결전,
투쟁의 외침을!

* 인터내셔널가(歌) _ 옮긴이 주

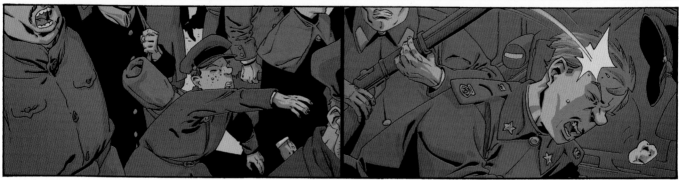

동지들, 당에서 숨기는 게 있어서는 안 되겠지? 그러니 내가 비밀 하나 말해 주지.

내 아버지는 뇌졸중으로 죽은 게 아니야.

살해됐어!

소련 인민의 지도자, 전 세계 프롤레타리아의 아버지는 살해됐다고!

바실리 장군, 그만하게!

아버지는 제국주의자들에게 걸림돌이었거든!

그래서 살해당한 거야!

바실리! 닥치지 못해!

내가 증인이야! 내가 암살 장면을 목격했어! 가만 두지 않을 거야!

소련 인민이여, 들으시오!

저들이 살인자요! 저들을 체포하시오!

저들이 우리 아버지를 죽였소!

바실리 주가슈빌리 장군, 장군의 도발적이고 수치스러운 행동이 물의를 일으켜 항의가 제기되었다.

얼마 전 아버지를 잃은 상황을 감안해

좌천되거나 형을 살 수도 있지만

군법회의에 회부되는 굴욕은 면해주기로 결정했다. 모스크바를 떠나 다른 곳에 배치될 것이다. 어디로 갈지는 장군이 선택할 수 있게 해 주겠다. 소련 공군 사령관으로 가게 될 것이다.

하지만 비행은 허가가 되지 않는다.

모스크바를 떠나지 않겠습니다.

자네, 군인 맞아?

군인이라면 명령에 복종해야지. 군의 명령을 거부하겠다는 건가?

바실리, 제발…

주코프 원수가 많이 봐준 거야.

모스크바를 떠나지 않겠습니다.

정 그럴다면…

넌 더 이상 군인이 아니야.

맘대로 해. 그래도 난 모스크바를 안 떠나.

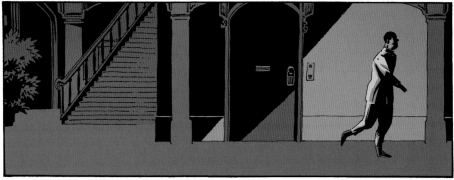

너희들, 여기서 뭐 해?

가구를 모두 박물관으로 실어 오라고 했어요.

박물관?

뭐? 스탈린 박물관?

다 꺼져!

외무부입니다.

바실리 주가슈빌리 장군이다. 스탈린 서기장실에서 전화하는 거다. 외신 담당자 연결해.

잠시 기다려주세요.

쿠르틴스키입니다.

바실리 주가슈빌리 장군이다. 소련 정부를 대표해 명한다.

모스크바 주재 모든 외신 기자들에게 전해라.

정확히 한 시간 뒤 럭스 호텔에서
특별 기자회견이 있을 것이다.

안녕들 하시오.
내가 누군지 잘 모르는
이들이 있을 것이오.
난 스탈린의 아들, 바실리
주가슈빌리 장군이오.

나는 아버지의
죽음에 대한 진상을
밝히려고 이 자리에
섰소.

분명히 말하는데,
아버지 스탈린은
암살되었소.

변절한 각료와
자본가 무리가 획책한
음모에 의해 내 아버지는
희생되었소.

음모의
주모자는 바로,
주코프 원수요.

내가 오늘 이곳에서 기자회견을 하는 이유는, 이 반역자들이 소련 지도부를 장악하고 있기 때문이오.

체포해!

보시오. 내 말이 맞지 않소?

어서 데려가!

소련 내무부의 지시에 따라, 여기 모인 사람들은 모두 소속과 이름을 대고, 소지한 장비는 우리가 압수한다.

이곳에서 일어난 일에 대해 입만 뻥긋해도 즉시 추방이다. 이건 가장 약한 형벌에 속한다.

취재한 내용을 적은 쪽지, 녹음테이프, 촬영한 필름을 숨겨 나간 경우, 간첩 행위로 체포될 것이다.

이걸로 바실리는 끝이군. 이제는 재판을 받을 수밖에 없겠어.

하지만 우리가 빼 줄 수 있잖아. 몸 상태가 좋지 않다고 하면 돼.

좋은 생각이야. 보호소로 보내도록 하지. 강제수용소보다 훨씬 나으니까.

자네는 할 만큼 했어.

어쩌겠어. 아버지는 강철 같은 사람이었는데, 아들은 약해 빠진 술주정뱅이인걸.

다 먹은 건가?

음... 그거 괜찮군.

흐루쇼프를... 어떻게 해야 하지 않겠어? 장례식을 완전히 망쳤잖아. 무고한 인민에게 총질을 하다니. 그야말로 **충격**이야! 무능을 이유로 중앙위원회에서 퇴출시킬 수 있을 것 같은데...

아냐... 아직은 그대로 두는 게 좋겠어.

맘대로 해.

드디어 우리가 정상에 섰군.

우리가 해냈어, 베리야.

그래. 이대로 계속 가게 해야지.

자네,
이 우스갯소리
들어 봤나?

스탈린이 두 개의 봉투에
유서를 남겼대. 첫 번째 봉투에는
"내가 죽으면 열어보시오"라고 썼고,
두 번째 봉투에는 "위기 시
열어보시오"라고 썼다는군.

스탈린이 죽자 중앙위원회가
첫 번째 봉투를 개봉했는데,
거기에는 "모든 잘못은 나에게
있다고 인민에게 고하시오"라고
적혀있었대.

그래서 위원회는 그대로 했지.
하지만 인민의 삶은 나아지지 않았어.
그리고 위기가 닥쳤지.

그래서 위원회가
두 번째 봉투를 열었어. 거기엔
"이제 내가 했던 대로 그대로
하시오"라고 쓰여
있었다는군.

웃기지 않나?

난
웃기던데.

이 얘기를 지껄인
놈은 5년형을 받았지.

스탈린도
재있어했는데.

말렌코프!

흐루쇼프?

그럴세만…

가는 길에
우리집이 있으니
같이 타고 가도
되겠나?

귀가하는
길인가?

오늘 베리야와 점심을
했네. 요즘 유행하는
우스갯소리를
들려주더군.

스탈린 유언장 얘기?
입에 달고 사는군.

베리야를
축출하자고?

자네,
그런 말하면,
체포될 수 있어.

베리야 하나만
몰아내서는 안 돼.
수하에 수천 명을 거느리고
있고, 크렘린 경비대도 전부
베리야 손 안에 있잖아.
뭔가 극단적인
방법이 필요해.

극단적? 자네, 나 죽는
꼴 보고 싶어서 그래?

말렌코프,
베리야가 자네를
언제까지 두고
볼 것 같은가?

… 몰로토프.

자네들 그렇게 상황파악이 안 되나?
베리야는 우리가 하는 말을 다 엿듣고 있어.
집에서 **도청기**를 여섯 개나 찾았어.
아마 더 있을 거야.

자네, 그럼…

자네들이
왜 날 찾아왔는지
다 알아.

나도
찬성일세.

하지만 방금
저 안에서…

스탈린의 명령을
베리야는 거역했어.
날 자기 노리개로 만들기
위해 아내를 협상 도구로 이용했지.
내가 그렇게 순순히 따를 것 같아?

하지만 베리야 하나 없애는
걸로 부족해. 추종자들도 모두
제거해야 해. 내무부와 비밀경찰
윗선 전부 다.

한 번에…

싹쓸이하자고?

맞아.
1936년에 스탈린이
했던 것처럼 대숙청을
단행하는 거야.

그렇게
하려면…

군대가 필요하지.

그건 불가능해.

주코프는 베리야를
싫어하니 우리에게
동조할 거야.

주코프를 우리
편으로 끌어들인 다음
숙청자 명단을 만드는 거야.
시간이 걸리더라도 빈틈없이
준비해야 해.

아주
긴 명단이 될
거야. 한 명도
빠뜨려서는
안 돼.

엄마가 침실 바닥에 쓰러져 있었는데, 얼굴을 찾아 볼 수 없었어요.

아버지 손에는 총이 쥐어져 있었죠.

바닥에 떨어진 총을 주운 거겠지.

아버지가 신인 내 삶을 이해하시겠어요?

엄마가 침실 바닥에 쓰러져 있었는데, 얼굴을 찾아 볼 수 없었어요.

센 걸로 놀아 줘.

세 달 뒤

국방위원회
특사단이 곧 도착할 거야.
3번 회의실로 모셔.
우리가 직접 맞을 테니까.

아, 그리고,
제발 몸수색 좀 하지 마.
그 중엔 자네 아버지뻘인
사람도 있어.

하지만
지시 받기를…

주코프 원수도
특사단 중 한 명인데,
감히 그를
모욕하겠다는 건가?

자 …
시작하지.

베를린에
긴급 조치를
내릴 필요가 …

베리야 동지,
그건 안건에
올라와 있으니

차차
이야기하기로
하고…

우선, 당 내부 상황을 정비해야 할 것 같소. 왜냐하면 …

서기장 동지 말에 동의하오. 진정한 공산주의자라면 현 상황을 철저히 고려해, 사회주의 승리를 향한 새로운 길을 개척하는 데 온 힘을 쏟아야 하오.

흐루쇼프, 뭐 잘못 먹었어?

그렇기 때문에, 동지들, 나는 베리야 동지 문제부터 처리할 것을 제안하는 바이오.

나는 베리야 동지를 고발합니다. 그는 자본가와 결탁해 그들의 이익과 자신의 권력욕을 채우기 위해 소련을 배반했소.

뭐?

내가 먼저 한마디 하지.

내게 발언권이 있어.

흐루쇼프 동지의 말을 뒷받침하는 결정적인 증거가 있소. 라브렌티 베리야를 한 번이라도 고발했던 이들은 모두 흔적도 없이 사라졌다는 거요.

내가 한 마디 해도 되나?

그게 ⋯ 저 ⋯ 미코얀 동지가 발언을 요청했네.

동료들의 솔직하고 급진적인 비판으로 베리야 동지가 자신의 실수를 깨닫고 배우는 계기가 됐을 것이라 믿소. 이번 일이 장래 우리의 집단지도체제에 도움이 될 것이오.

그러니, 이제 다음 안건으로 넘어갈 것을 제안하오.

고맙군, 미코얀.

이제 마지막으로 제가 발언해도 되겠습니까, 서기장님?

어서 눌러!

말렌코프, 신호!

손 들어!

난 …
아닌데 …

손 내려,
말렌코프.

나는 소련 각료평의회 주석으로서
라브렌티 파블로비치 베리야를
체포해 법적 처벌을 받게
할 것을 명한다.

경비대…

입만
뻥긋해 봐.

어떻게
되는지.

날 심판한 동료들은
나와 달리 결백하고
무고하다고 믿을까?

물론이지!

그럼고말고!

내 피로 자기들의 손을 씻었으니

이제 …

다시 새롭게 시작하겠지 …

마리아, 너 그런 얘기 계속 하고 다니면 우리 모두 잡혀갈 수 있어.

들어봐. 이거 정말 웃겨. 베리야가 체포된 다음날, 그의 수하 한 명이 울고 있었대.

그러자 동료가 다가왔지.

자네, 왜 그러나?

베리야가 체포됐다는 게 사실이야?

그렇다는군.

그 놈이 내 딸을 겁탈했어.

뭐야, 자네도?

... 찬란한 미래를 향해.

발문

앰브로즈 비어스Ambrose Bierce는 《악마의 사전》에서 역사란 '대부분 악당인 정부 수반들이 일으킨, 중요하지 않은 사건들로 구성된, 많은 부분이 거짓인 이야기'라고 정의 내렸다. 같은 맥락에서 그는 역사가를 '도량이 넓은 아주머니'라고 지칭했다.

만화는 '역사'를 자유롭게 해석할 자격이 있다. 만화는 역사의 깊이 있는 본질을 드러내기 위해 이를 재구성한다. 만화에서 중요한 것은 사실의 정확성이 아니라 시각의 진실성이다.

저자인 파비앵 뉘리와 티에리 로뱅은 스탈린 유혈통치 말기를 배경으로, 크렘린궁을 둘러싼 간부 계급의 암울하고 음산한 분위기를 인상적인 방식으로 창조해냈다. 흐루쇼프는 당시를 이렇게 회상했다. "스탈린 주위에서 우리는 전부 집행유예 중이나 다름없었다." 사방에서 공포와 비굴한 감정들이 득실거리던 시기였다.

두 저자는 다양한 과장 기법을 사용하여 특징을 강조하거나 부각했다. 그리고 증명된 사실과 있음직한 일, 상상과 상징을 뒤섞으며 사실 일부를 바꾸고 전개 양상을 압축시켜 사건을 변주함으로써 이러한 분위기를 재창조했다. 이따금 사실 그 자체보다 하나의 이미지가 더 큰 진실을 드러낼 때가 있다.

가령, 마리아 유디나의 편지는 실제로 존재하긴 했으나, 1953년 2월 28일 저녁 스탈린은 그 편지를 받지 못했다. 스탈린이 쓰러진 원인을 마리아 유디나가 제공한 것은 아니었다. 스탈린의 측근들은 대부분 다음 숙청 대상자로 위협받고 있는 상황이었기에, 이 책이 강조하는 것처럼 그들은 일부러 최고 지도자를 아무런 처치도 받지 않는 상태로 장시간 방치했다. 공포에 떤 의사들은 뒤늦게 도착했다. 완전범죄였다.

저자들은 유혈 사태로 기록된 한 사건을 다른 관점에서 그려내기도 했다. 가령 흐루쇼프는 스탈린 장례식에 참석하기 위해 다른 지역에서 찾아온 군중을 사살하라는 명령을 내리지 않았다. 하지만 그의 태만은 어마어마한 혼란을 일으켰고 그 자리에서 수백 명의 여성과 아이, 노인이 통제되지 않은 군중에 깔려 즉사했다. 저자들은 이러한 관료적 태만을 조직적 학살로 변모시켰다.

이처럼 사실과 해석이 뒤섞인 표현은 저자들이 기지 넘치는 방식으로 포착한 등장인물들의 초상에서도 드러난다. 예를 들어 술에 취해 고함지르는 걸 일삼는 나이 든 응석받이 바실리 스탈린을 보자. 그는 자기 아버지를 암살한 소비에트 간부들을 비난하긴 했으나 늘 술에 절어 있었고 겁쟁이였다. 또

한 감시가 너무 심했기 때문에 이 작품에서 그려진 것과 달리 실제로 의사들을 부르거나 특별 기자회견을 열지 못했다. 6주 후 암살당한 바실리는 실제보다 더 진실을 품은 인물이다.

두 저자는 뉘앙스를 풍부하게 부여하기도 했다. 베리야의 얼굴을 혐오감을 일으키는 원숭이 얼굴로 묘사함으로써, 마지막 독백을 내뱉을 때 그는 유혈사태를 일으킨 전통적 의미의 위반자라기보다 훨씬 복잡다단한 인물로 제시된다. 더 나아가 저자들은 중요한 핵심을 부각하기도 한다. 스탈린의 후계자들이 서로 대립하며 증오 관계에 있을 때 이들은 마피아라고 해도 좋을 정도의 괴상한 얼굴로 표현된다.

루덴코 검사는 이후 베리야를 이렇게 규탄한다. "그는 권력을 탈취하기 위한 반역을 도모하는 차원에서, 수년간 모아온 정부와 당 간부들의 약점을 기록한 자료들을 자칭 사적인 문서보관소인 자신의 아파트에 쌓아두었다. 그것들은 공모자들이 위조한 자료들이다." 이 가상의 '공모자들'은 베리야 한 사람으로 압축되는데 그의 유일한 공모는 동료들의 실책을 담은 자료들을 수집한 행위이다. 거기에는 자신을 포함한 동료들이 저지른 실책, 배임, 부패, 권력 남용, 비겁한 행동이나 악의적인 행동 등이 들어 있다. 이 자료들 일부는 두 저자가 밝히고 있듯이 스탈린의 서재에서 확보된 것으로 너무 많은 사실을 담고 있다.

이 작품에 나오는 캐리커처들은 수많은 기사와 외교문서, 정치적 관례에 따라 쓴 역사서보다 정확하고 깊이 있는 현실을 제공한다. 앰브로즈 비어스가 '역사'에 대해 보인 조롱 섞인 태도에 화답하는 그림이라고 할 수 있다.

장-자크 마리*Jean-Jacques Marie

---

* 소비에트연방 특별 역사가인 장-자크 마리는 레닌과 트로츠키, 스탈린, 흐루쇼프, 베리야 등의 전기들을 집필했다.

2008년 나는 스탈린 전기 만화를 집필하기 위해 뛰어들었다.

스탈린이라는 주제에 대한 열정적인 호기심에 이끌려, 몇 년 동안 다양한 참고 자료와 이미지, 다큐영화와 스탈린, 공산주의 시대에 관한 픽션을 수집했다. 스탈린을 주제로 다룬 전기와 잡지 기사가 내 유일한 독서 대상이었다. 붉은 군대의 설립과 스탈린이 처음 독재자의 면모를 보였던 1918년 차리친 현장에서 그가 처음 수행한 미션을 다루느라 35페이지 분량의 그림을 그렸다. 정리해둔 정보의 양도 어마어마했고 그려야 할 페이지 수는 늘어갔다. 나는 빼놓지 않고 전부 이야기하고 싶다는 욕구와 동시에 중요한 사건이나 교훈을 주는 세부사항을 빠트릴지도 모른다는 두려움에 시달렸다. 몇 달간 이 작업을 시도한 끝에 나는 현실과 마주해야 했다. 감당하기에 너무 버거운 일이었다. 이 정도의 세부사항을 담으려면 책의 분량은 1000페이지가 넘어갈 터였다. 몇 년이 걸릴지 모를 작업이었다.

결국 나는 이 프로젝트를 포기했다.

바로 그 시기에, 파비앵 뉘리로부터 《스탈린의 죽음》 작업을 함께 해보자는 제안을 받았다. 그의 시나리오를 읽자마자, 나는 훌륭한 질과 타당한 논리에 완전히 설득되고 말았다. 《스탈린의 죽음》은 내가 시도하려고 했던 스탈린 전기를 대체할 수 있는 작품이었다. 이 글 뒤에 실린 만화는 사전 작업으로 그린 초안 일부로, 그간 한 번도 공개한 적이 없다.

티에리 로뱅Thierry Robin

붉은 군대에 편입한 직업군인의 수는
6만 5000명으로 추정된다.

전선에서 탈주하는 군인 수는 급속도로
증가했는데 대략 260만 명(200만 명은
군 조직 소속)에 이르렀다.

트로츠키는 자주
군대를 방문했다.
그러나 새로 들어온
신병들은 입대 이유가
따로 있었다.

그래 동지들,
붉은 군대에 합류하게 되어
기쁜가?

글쎄요…

여기 오면 신발을
준다고 해서 왔는데요…

먹을 것도
준다고 해서요.

나는 사정을 좀 봐줘야 합니다.
하루 종일 여기 머물 순 없어요…
일을 돕기 위해 농장에 돌아가야
하니까요. 알겠소?

물론이고말고.
특히 수확 철에는 그렇지!
보그단, 우리 함께
움직이면 되겠는데?

© THIERRY ROBIN

'붉은 군대' 편, 트로츠키는 붉은 군대를 조직했다. 붉은 군대는 혁명을 지향하는 자원자들로 구성됐는데 이들은 제정러시아 군대 소속 군인들의
관리 하에 있었고, 이 군인들 역시 공산당 중앙위원회의 감시를 받았다.

© THIERRY ROBIN

그의 손은 결코 떨리지 않을 것이다.

'차리친' 편. 1918년 스탈린은 모스크바로부터 밀 공급을 약속받기 위해 차리친(후에 이 도시의 이름은 스탈린그라드로 바뀜)으로 가게 된다.
그곳에서 그는 레닌에게 확고부동한 약속을 했다. 레닌에게 쓴 편지에서 그는 이렇게 말했다. "내 손은 결코 떨리지 않을 것이오."

동지들이여! 너무 오랜 시간 엄청난 무질서가 차리친 전선을 지배했소. 나는 이 무질서를 바로잡을 것이요. 나를 믿어주시오!

이를 위해, 남부 전선의 수장으로 시틴 장군을 강력히 추천하는 바요.

그럴 순 없소, 트로츠키. 그 자리에 임명된 것은 바로 나요.

뭐라고?

그렇다면 당신은 그 자리를 지킬 수 없소, 보로실로프! 당신이 책임져야 할 수많은 실책을 생각해보시오. 모스크바로 추방되어 재판정에 서지 않는 걸 다행인 줄 아시오!

그날, 트로츠키는 오랫동안 대립해오던 적을 누르는 데 성공했다. 이 위협으로 보로실로프는 즉시 체포되지는 않았으나, 몇 주 후 우크라이나로 전출되었다.

스탈린의 보이지 않는 압박을 받던 트로츠키는 '군대의 완전 해체'를 위한 행동을 계속했고, 나중에 이를 알리기도 했다.

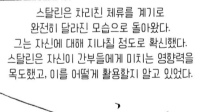

스탈린은 차리친 체류를 계기로 완전히 달라진 모습으로 돌아왔다. 그는 자신에 대해 지나칠 정도로 확신했다. 스탈린은 자신이 간부들에게 미치는 영향력을 목도했고, 이를 어떻게 활용할지 알고 있었다.

그는 가상의 공모나 음모(완벽하지 않은 것이라 해도)를 잘 활용하기만 하면 당 전체를 신속히 숙청할 수 있으리라는 걸 알고 있었다.

스탈린은 특히 거칠고 잔인한 행위를 통해 모든 문제를 해결하고, 다른 의견과 논쟁을 종식시킬 수 있다는 걸 깨달았다.

© THIERRY ROBIN

'차리친' 편. 스탈린이 독재자로서 한 도시, 한 지역 규모의 첫 무공을 세운 것은 바로 차리친 체류 기간 동안에 일어난 일이었다. 그때부터 트로츠키는 제거해야 할 대상이 되었다.

© THIERRY ROBIN

'차리친' 편. 소비에트 체제는 소멸 직전에 있었다. 트로츠키가 이끈 붉은 군대는 승리를 거머쥐었다. 스탈린은 이 승리에서 자신의 지분을 주장했다.

127

⟨작품의 탄생⟩

티에리 로뱅과 파비앵 뉘리

Vassili

이미 모든 인물이 존재하는 책 작업은 나로서는 처음 시도해보는 경험이었다.

말렌코프

나는 이야기를 최대한 극적으로 만들기 위해 다소 딱딱한 흑백 스케치 양식을 채택했다. 원래 독일 영화의 표현주의를 무척 좋아해서 항상 그래픽적인
특징을 추구하는 편이다.

공산당 중앙위원회 인물들을 간략하게나마 모아서 정리해둘 필요가 있었다. 그들은 다양한 면모를 지니면서도 안전히 구분 가능해야 했다.
나는 실물과의 유사성보다는 인물의 활기와 표정에 중점을 두었다.

Joukov

이런 주제를 다룬 장르에서는 언제나 참고자료가 중요한 역할을 한다. 멋들어진 제복, 실제에 가까운 군모, 배지를 찾는 것은 꽤 오랜 시간이 걸리는 작업이었다. 나는 장관들이 실제로 타고 다니던 차 ZIS 110을 작품 속에 재현해낸 것을 무척 자랑스럽게 생각한다.

베리야

무척 이상한 점일 수도 있는데, 스탈린 다음으로 작품에서 가장 강렬한 인물인 베리야는 내 손끝에서 매우 빠르게 창조되었다.
그를 등장시킬 때 굉장히 즐거웠다.

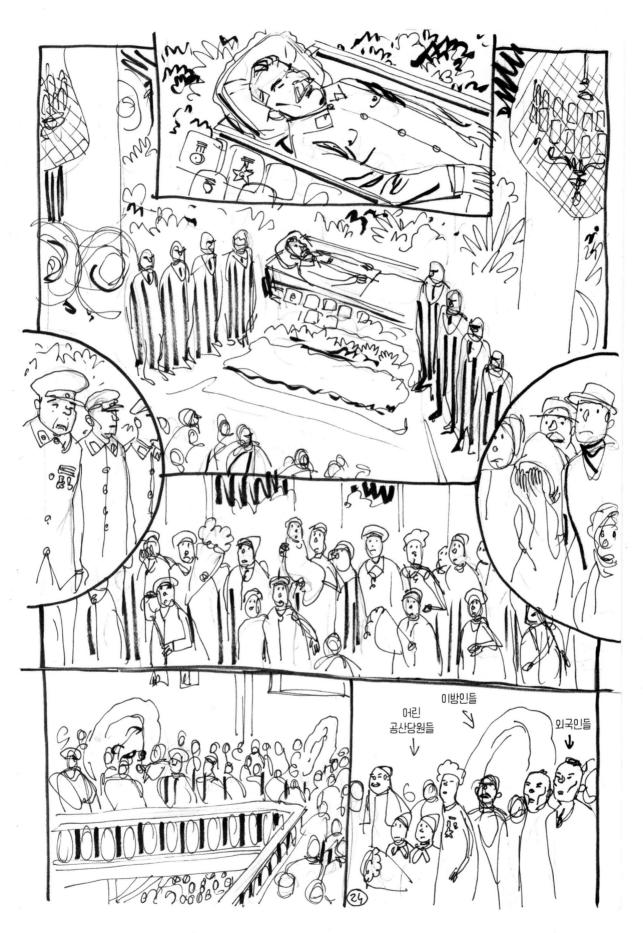

이방인들

어린
공산당원들

외국인들

제2장 scene #24, #25 중 일부. 스탈린의 장례식을 충실히 재현하려고 노력했다.

장례식이 치러지는 장소 내에 인물들이 어느 자리에 있었는지 확인하기 위해 기록영화들을 참고했다. 최종 장면의 칸마다 인물들의 자리를 배정하는 일이 무척 흥미로웠다.

부록 페이지에 실린 다양한 그래픽 시도를 독자들이 끝도 없이 읽어야 하는 수고를 덜기 위해, 《스탈린의 죽음》 중 내가 가장 좋아하는 두 페이지에 관해 소개하는 편이 좋을 것 같다. 제2장이 시작되는 양쪽 페이지로 관에 누운 시신을 준비하는 그림이다.

왜 이 두 페이지를 골랐느냐고? 그 부분이 맨 처음 시나리오에는 없었기 때문이다.

처음에는 또 다른 페이지, 좀 더 앞쪽에 제목을 넣게 되어 있었다.(어디인지는 상상에 맡기겠다.) 작품 전체가 이미 쓰여 있었고 칸과 씬 역시 이미 정해져 있었다. 그 정도 작업이 진행되었을 즈음, 티에리와 나는 생-말로Saint-Malo 페스티벌에 나가게 되었다. 그때 문득 한 가지 생각이 떠올랐다. 이 책에는 스탈린의 모습이 충분히 등장하지 않는다. '그의' 장례식을 둘러싼 광기 어린 사건들이 중심이기 때문이다. 무엇보다도 스탈린이 등장하는 그림이 충분하지 않다. 30페이지에 한두 컷 정도 등장한다.

시나리오 단계에서는 스탈린의 비중이 적다는 생각을 하지 못했다. 스탈린의 얼굴 없이도 플롯은 잘 굴러갔고, 이 두 페이지는 '내러티브상 불필요하다'는 생각이 들었다. 그런데 부족한 점은 결국 다른 것, 즉 이야기의 정신이었다. 정확히 말하자면, 그로테스크한 디테일과 비극적이고 웅장한 결과를 나란히 두는 것이 이 이야기의 핵심이다. 우리는 이미 웅장함을 잘 갖추었으니 그로테스크한 면을 더하는 게 어떻겠느냐고 티에리에게 제안했다.

러시아 판 〈식스 핏 언더〉*를 위한 두 페이지는 이렇게 탄생했다. 티에리가 그림을 그릴 때ㅡ보너스에는 또 다른 보너스가 숨겨져 있다ㅡ시각적인 장난을 더했다. 잘 드러나지는 않지만 무척 흥미롭다. 장례식 담당자들이 부검했던 머리(제1장 참고)를 원래대로 돌려놓고 화장을 한다. 그의 수염에 색을 칠하고 고유한 의미에서 장례식이 근사하게 보이도록 광을 낸다!

이런 과정을 거쳐 스탈린의 몸이 준비된다. 이야기로 다시 돌아가자면 스탈린의 이 유일한 이미지, 훈장으로 뒤덮인 그의 육체는 우리에게 지상의 권력이 얼마나 하찮은 것인지 떠올리게 해준다.

여러분은 이렇게 원래 시나리오에 들어 있지 않았던, '시나리오 일부'를 보너스로 읽었다.

파비앵 뉘리Fabien Nury

* 〈식스 핏 언더〉: 장의사 가족의 이야기를 담은 미국 드라마 _ 옮긴이 주

scene #12

무대: 장례 준비– 제한 없는 무대

거의 아무것도 보이지 않는 깊은 어둠 속에서 모든 일이 진행된다. 얼굴은 안 보이고 실루엣만 보이는 익명의 직원들이 스탈린의 시신을 준비하고 있다.

커다란 타원형으로 된 여러 칸들이 시신을 준비하는 각 과정을 분할해서 보여준다. 손과 팔, 등의 실루엣이 보인다.

– 화장붓을 든 손이 개두수술을 한 스탈린의 이마 흉터를 지운다.
– 빗을 든 손이 콧수염을 정리한다.
– 두 팔이 소매에 커프스를 단다.
– 두 팔이 그를 앉아 있게 하는 동안 누군가 상의의 팔을 끼운다.
– 손들이 상의 단추를 채운다. 훈장들이 보인다.
– 두 팔이 그의 다리를 들어올리고 누군가 그에게 바지를 입힌다.
– 훈장이 상자 속에 담겨있다.

scene #13

전면: 최종적으로 화려한 붉은 관 안에 스탈린의 시신이 누워 있는 게 보인다. 실루엣만 보이던 인물들이 부분적으로 나타난다.

빠진 것은 하나도 없다. 제복, 화장, 그리고 수많은 훈장. 관의 붉은색이 나머지 깊은 암흑과 대조를 이룬다.
제목이 보인다.

스탈린의 죽음
제2장 장례식

말렌코프

불가닌

베리야

카가노비치

미코얀

흐루쇼프

스탈린

흰색 최고사령관 제복을 입은 스탈린

| 저자 |

파비앵 뉘리 1976년 파리에서 태어났다. 크리스티앙 로시가 그림을 그린 인기 시리즈 《W.E.S.T.》에 공저자로 참여하며 만화작가의 길에 들어섰다. 미국 만화가 존 캐서데이와 함께 작업한 《I Am Legion》 3부작을 포함해 15편의 그래픽 노블을 단기간에 성공으로 이끌었다.

티에리 로뱅 1958년 프랑스 담리에서 태어났다. 랭스 미술학교 재학 중 만화와 인연을 맺었다. 역동적인 레이아웃과 풍부한 상상력을 발휘한 채색으로 자신만의 그래픽 스타일을 발전시켰다. 파비앵 뉘리와 함께한 작품 《스탈린의 죽음》과 《차르의 죽음》은 평단의 호평을 받았을 뿐 아니라 상업적으로도 성공을 거두었다.

| 옮긴이 |

김지성 영어교재 출판사에 다니며 영어 원서를 즐겨 읽다가 번역가의 길로 들어섰다. 《스탈린의 죽음》을 번역하며 노동자, 농민의 열망이 만들어낸 혁명이 소수 엘리트의 아집과 탐욕으로 변질됐는지 깨달았다.

김미정 이화여자대학교 불문학과와 이화여자대학교 통역번역대학원 한불번역학과를 졸업했다. 출판사에서 편집자로 일하다, 현재는 번역가로 활동 중이다. 옮긴 책으로 《파리의 심리학 카페》《라루스 청소년 미술사》《잠자는 숲속의 공주를 찾아서》《재혼의 심리학》《알레나의 채소밭》《기쁨》《고양이가 사랑한 파리》《미니멀리즘》《페미니즘》 등이 있다.

스탈린의 죽음

초판 1쇄 인쇄 | 2019년 3월 15일
초판 1쇄 발행 | 2019년 3월 22일

지은이 파비앵 뉘리·티에리 로뱅
옮긴이 김지성·김미정
책임편집 조성우
편집 손성실
마케팅 이동준
디자인 권월화
용지 월드페이퍼
제작 성광인쇄(주)
펴낸곳 생각비행
등록일 2010년 3월 29일 | 등록번호 제2010-000092호
주소 서울시 마포구 월드컵북로 132, 402호
전화 02) 3141-0485
팩스 02) 3141-0486
이메일 ideas0419@hanmail.net
블로그 www.ideas0419.com

ISBN 979-11-89576-24-0 03920